AUX CHAMPS ET A LA FERME

ALPHABET

A B C

Animaux Bien Connus

AUX CHAMPS
ET
A LA FERME

ALPHABET
AVEC
EXERCICES DE LECTURE GRADUÉS

PARIS
AMÉDÉE BÉDELET, LIBRAIRE
RUE PAVÉE-SAINT-ANDRÉ-DES-ARTS, 11

1862

PARIS. — IMP. SIMON RAÇON ET COMP., RUE D'ERFURTH, 1.

MAJUSCULES

A   B   C

D   E   F

G   H   I

J   K   L

M N O

P Q R

S T U

V X Y Z

MINUSCULES

a b c d e f

g h i j k l

m n o p q r

s t u v x y

z æ œ w

CARACTÈRES D'ÉCRITURE

MAJUSCULES

A B C D E
F G H I J
K L M N O
P Q R S T
U V X Y Z

MINUSCULES

a b c d e f g h i j k l m
n o p q r s t u v x y z

VOYELLES

a e i o u y

CONSONNES

b c d f g h j k l m
n p q r s t v x z

Trois manières de prononcer E.

e muet.　　　　é fermé.　　　　è ouvert.
Leçon, parole.　Bonté, Café.　Père, mère.

Accent.

Aigu.　　Grave.　　Circonflexe sur a e i o u.
Été.　　Prière.　　Ane, fête, gîte, trône, flûte.

PREMIER EXERCICE

ba	be	bi	bo	bu
ca	ce	ci	ço	çu
da	de	di	do	du
fa	fe	fi	fo	fu
ga	ge	gi	go	gu
ha	he	hi	ho	hu
ja	je	ji	jo	ju
la	le	li	lo	lu
ma	me	mi	mo	mu
na	ne	ni	no	nu
pa	pe	pi	po	pu
ra	re	ri	ro	ru
sa	se	si	so	su
ta	te	ti	to	tu
va	ve	vi	vo	vu
xa	xe	xi	xo	xu

D E F

DINDONS EN FUREUR

AUX CHAMPS

ET A LA FERME

CHEVAUX

DEUXIÈME EXERCICE

SYLLABES

A

Ab-ba, ac-ca, ad-da, af-fa, ag-ga, ah-ha, aj-ja, ak-ka, al-la, am-ma, an-na, ap-pa, aq, ar-ra, as-sa, at-ta, av-va, ax-xa, az-za.

Plusieurs syllabes forment un MOT.

Pa-pa. A-na-nas.

Plusieurs mots forment une PHRASE.

Pa-pa a-va-la l'a-na-nas d'A-nas-ta-se.

G H I

Gardien Hargneux et Incorruptible

ANE

C'est à tort que l'on se moque de l'âne : cet animal est doué de bonnes qualités; il est laborieux, patient et sobre; il aime son maître, même quand il est maltraité.

COCHON

Celui-ci semble tout d'abord méprisable et repoussant. Il est sale, vorace, stupide, ingrat; son nom seul est un mot grossier. Mais tout ce que Dieu a fait est utile, et le cochon fournit aux pauvres une nourriture abondante peu coûteuse.

TROISIÈME EXERCICE.

E

Eb-be, ec-ce, ed-dè, ef-fê, eg-ge, eh-hé, ej-jëe, ek-kê, el-le, em-mé, en-nè, ep-pê, eq, er-re, es-sé, et-tè, ev-vê, ex-xe, ez-ze.

Hé-lè-ne a é-té à la pê-che, el-le a bar-bo-té ; sa mè-re en a é-té ex-cé-dée.

Sons identiques de E.

Eu, œu, ent, ai, ei, et, est, er, ez.

Al-bert, al-lez a-vec ma mè-re et ma sœur : el-les ai-dent à pe-ser sei-ze bal-les de lai-ne.

VACHE

Oh! la bonne bête! Elle fournit le lait, le beurre et le fromage à la crème, dont vous vous régalez.

BŒUF

Voici encore un bon serviteur. Le laboureur l'attelle à la charrue pour creuser la terre afin d'y semer du blé avec lequel on fait le pain.

QUATRIÈME EXERCICE.

I

Ib-bi, ic-ci, id-di, if-fi, ig-gi, ih-hi, ij-ji, ik-ki, il-li, im-mi, in-ni, ip-pi, iq, ir-ri, is-si, it-ti, iv-vi, ix-xi, iz-zi.

Y a le son de I

Y a-t-il i-ci la y-o-le d'Hen-ri?

Y a le son de deux I.

Le vo-y-a-geur a é-té ef-fra-y-é.

Sons identiques du son IN.

Im, ein, eim, ain, aim.

J'ai bien faim et je n'ai pas de pain! — Viens, pe-tit : ce pa-nier est plein de mas-se-pains de Reims; tu les ai-mes bien, hein?

J K L

Jeune cheval de l'uKraine Labourant

BREBIS

Cette bonne brebis bêle pour appeler son agneau. Pauvre petit! si doux, si joli avec sa toison blanche et frisée, quand il sera gras, on le vendra au boucher!

BÉLIER

Celui-ci est de la belle espèce des mérinos. On coupera sa laine, on la filera, on la teindra en diverses couleurs, et on en fera de belles étoffes.

CINQUIÈME EXERCICE.

O

Ob-bo, oc-co, od-do, of-fo, og-go, oh-ho, oj-jo, ok-ko, ol-lo, om-mo, on-no, op-po, oq, or-ro, os-so, ot-to, ov-vo, ox-xo, oz-zo,

Le jo-li jo-ko d'Oc-ta-ve est mort à No-vo-go-rod.

Sons identiques de O

Au, eau, eaux, os.

Paul, res-tez en re-pos; ne sau-tez pas; n'al-lez pas au bord de l'eau. Je vais là-haut fer-mer les ri-deaux du ber-ceau de vo-tre sœur Lau-re, elle dort.

M N O

Imp. Lemercier, Paris.

Moutons Naïfs et Obstinés

CHIENS

Le jour, ils aident le berger à garder les moutons et se battent contre les loups. La nuit, ils flairent, ils écoutent, et quand un voleur s'approche, ils avertissent en aboyant.

Ils savent découvrir dans les bois les renards, les fouines, les putois qui mangent les poules; ils poursuivent ces animaux et le chasseur les tue.

SIXIÈME EXERCICE.

U

Ub-bu, uc-cu, ud-du, uf-fu, ug-gu, uh-hu, uj-ju, uk-ku, ul-lu, um-mu, un-nu, up-pu, uq, ur-ru, us-su, ut-tu, uv-vu, ux-xu, uz-zu.

Ur-su-le est u-ne pe-ti-te hur-lu-ber-lu.

SEPTIÈME EXERCICE.

VOYELLES DOUBLES OU DIPHTHONGUES

Ai, ia, au, an, ei, ie, eu, ieu, en, ien, ian, io, oi, ion, oin, ou, oui, ui, ium, un, uin.

Di-eu est bon : il a soin de pour-voir à tous nos be-soins; viens, re-mer-ci-ons-le. — Oui et so-yons tou-jours ex-acts à le lou-er aux jours où il l'a lui-mê-me com-man-dé.

CHATS

Il dorment et jouent pendant le jour ; la nuit, ils rôdent dans les greniers et les granges et tuent les rats, les souris et les mulots, qui mangeraient toutes nos provisions.

Les enfants et les jeunes chats font ensemble de bonnes parties. En vieillissant, les chats deviennent paresseux, frileux, ingrats ; quand le maître quitte sa maison, le chat y demeure, il n'aime personne.

HUITIÈME EXERCICE.

CONSONNES DOUBLES

BL. BR. CL. CR. FR. GR. GL.
Blé, bras, clou, crin, frac, grain, gland,
PL. PR. ST. TR. VR.
Plat, prix, stuc, trou, vrai.

Le pau-vre Fran-cis a pleu-ré et cri-é en vo-yant ses fleurs flé-tries par la gros-se pluie; il en a plan-té d'au-tres à l'a-bri du grand pru-nier.

CH. GR. LL.
Chou, grognon, fille.

Le chat cher-che u-ne sou-ris, mais la gen-ti-ll-e bê-te a ga-gné son trou : el-le y est bien ca-chée. Mi-non foui-ll-e du bout de sa pat-te; ses yeux bri-ll-ent de fu-reur. N'ap-pro-che pas, Ca-mi-ll-e, il t'é-gra-ti-gne-rait.

POULES — COQ

Les poules donnent tous les jours des œufs. Quand on les leur laisse, elles les couvent sous leurs ailes; après quelques jours, il sort de chaque œuf un petit poulet.

Le Coq est le réveil-matin du paysan. Il est fier et courageux; il protége les poules, et les appelle quand il a trouvé quelque chose de bon à manger.

NEUVIÈME EXERCICE.

PH, son identique de **F**.

Phi-la-del-phe, em-mè-ne Fi-dè-le, et va au pha-re a-vec Eu-phé-mie. Vous y ver-rez un pho-que : c'est un a-ni-mal am-phi-bie.

TH, son identique de **T**.

Thé-o-phi-le, ter-mi-ne ton thè-me, en-sui-te nous pren-drons le thé.

DIXIÈME EXERCICE.

C prononcé comme **SS** avant **E, I**.

Cé-ci-le, fai-tes ce-ci ; c'est un e-xer-ci-ce u-ti-le et né-ces-sai-re. Et vous, Al-ci-de, ces-sez de vous ba-lan-cer et de fai-re des gri-ma-ces.

FAISAN

Le faisan commun fournit à nos tables un excellent rôti; le faisan doré et le faisan argenté sont l'ornement des parcs et des jardins.

PAON

Voici le plus beau de tous les oiseaux; il est glorieux de sa magnifique parure; on dit : Fier comme un paon. Son cri est très-désagréable. C'est dommage.

ONZIÈME EXERCICE.

C prononcé SS avant A, O, U, par l'addition d'une cédille.

Ça, ço, çu, çai, çon.

Ce pe-tit gar-çon tou-chait sans ces-se mon poin-çon : je m'en a-per-çus et je le for-çai de le lais-ser ; mais il le re-prit et se per-ça la main.

C est dur devant A, O, U.

La cui-si-niè-re fe-ra cui-re du ca-ca-o pour Co-ra-lie, et du cho-co-lat pour Con-stan-ce.

Sons identiques de C dur.

Pé-ki di-sait qu'-un coq é-tait dans le kios-que ; j'ai cru en-ten-dre : u-ne co-quet-te est dans le kios-que ; ce-la a fait un qui-pro-quo.

Poussins ingrats Quittant le nid pour la Rivière.

HIRONDELLES

Ces oiseaux placent leurs nids sous les toits ou les fenêtres. Les paysans aiment à les conserver, parce que les hirondelles détruisent les insectes.

CHAUVE-SOURIS

Vous croyez peut-être voir un oiseau? Ce qui vous semble être des ailes sont les pattes de l'animal, il les étend ainsi pour se soutenir dans l'air.

DOUZIÈME EXERCICE.

─❖─

G est dur devant A, O, U.

J'ai ga-gné à la lo-te-rie u-ne gar-ni-tu-re de gui-pu-re, un go-be-let d'ar-gent guil-lo-ché et u-ne guir-lan-de de mu-guet.

G son identique de J par l'addition d'un E devant A, O, U.

Gea, geo, geu.

J'ai fait u-ne ga-geu-re : si Geof-froy perd, il me don-ne-ra ses jo-lis pi-geons rou-geâ-tres ; s'il ga-gne, il au-ra mon geai a-vec la ca-ge et la man-ge-oi-re de cris-tal.

T prononcé SS entre deux voyelles.

L'en-fant sa-ge, qui a a-va-lé sa po-t-ion, au-ra ré-cré-a-t-ion ; le pa-res-seux re-ce-vra u-ne pu-ni-t-ion et n'au-ra pas de prix à la dis-tri-bu-t-ion.

S T U

Sauve Toi Ursule

RUCHES

Les abeilles sucent les fleurs; elles y trouvent lu miel et de la cire qu'elles apportent dans ces petites maisons de verre recouvertes de paille.

INSECTES

On appelle insectes les chenilles, les mouches, les papillons, les limaçons, les hannetons. Ils mangent les fruits et les herbes, et ils sont mangés par les oiseaux.

CHIFFRES

Arabes.		Romains.
1	Un	I
2	Deux	II
3	Trois	III
4	Quatre	IV
5	Cinq	V
6	Six	VI
7	Sept	VII
8	Huit	VIII
9	Neuf	IX
10	Dix	X
11	Onze	XI
12	Douze	XII
13	Treize	XIII
14	Quatorze	XIV
15	Quinze	XV
16	Seize	XVI
17	Dix-sept	XVII
18	Dix-huit	XVIII
19	Dix-neuf	XIX
20	Vingt	XX

ARAIGNEE

Une ménagère soigneuse ne laisse point ce vilain insecte filer sa toile dans la maison, mais on voit beaucoup d'araignées dans les caves, les étables, les jardins.

CIGALE

Si vous aviez été petite fourmi, vous n'auriez certainement pas refusé un petit morceau de mouche ou de vermisseau à cette pauvre cigale.

DIVISION DE L'ANNÉE

L'Année se divise en quatre Saisons :

LE PRINTEMPS. — L'ÉTÉ. — L'AUTOMNE. — L'HIVER.

Et en douze mois :

Janvier. — Février. — Mars. — Avril.
Mai. — Juin. — Juillet.
Août. — Septembre. — Octobre. — Novembre.
Décembre.

Un mois se divise en quatre semaines et quelques jours, et chaque semaine se compose de sept jours, savoir :

Lundi. — Mardi. — Mercredi. — Jeudi.
Vendredi. — Samedi. — Dimanche.

V X Y Z

Venez vous eXercer mettez-Y du Zèle.

PAPILLON

Une vilaine chenille s'est filé une enveloppe de soie; elle y est restée cachée; quelques jours après le peloton s'est ouvert et il en est sorti ce brillant papillon.

LÉZARD

Qu'il est vif et joyeux, le petit lézard gris, quand, le matin, il sort des trous de la muraille pour venir se chauffer au soleil !

LAPIN

Les jardiniers craignent fort les lapins, parce qu'ils dévorent les légumes, les jolies bordures de pimprenelle, puis se sauvent dans leurs trous, qu'on appelle un terrier.

LIEVRE

On dit : Poltron comme un lièvre, courir comme un lièvre. La pauvre bête a bien raison, car les chasseurs lui font une rude guerre avec leurs chiens courants.

—⸎ FIN ⸎—

www.ingramcontent.com/pod-product-compliance
Lightning Source LLC
LaVergne TN
LVHW021704080426
835510LV00011B/1575